labor
bolsillo juvenil

Poesía

A partir de 10 años

Rafael Alberti

¡AIRE, QUE ME LLEVA EL AIRE!

ANTOLOGIA JUVENIL

Ilustraciones de Luis de Horna

EDITORIAL LABOR, S.A.

Selección: Felicidad Orquín

Segunda edición: 1981

Calabria, 235-239. Barcelona-29
Diseño cubierta: Ruiz Angeles
Dibujos cubierta: Rafael Alberti y Luis de Horna
Depósito Legal: B. 11827 - 1981
ISBN: 84-335-8419-7
Printed in Spain
Impreso en: Gráficas Diamante, Zamora, 83, Barcelona-18

A LOS LECTORES

Rafael Alberti nació cuando despuntaba nuestro siglo, en 1902, en el Puerto de Santa María, de una familia de propietarios de vinos venida a menos. Del colegio de las Hermanas Carmelitas pasó al de los jesuitas de San Luis Gonzaga, donde, como él cuenta, "sufrí, rabié, odié, amé, me divertí y no aprendí casi nada", pero cuyo rigor y actitudes incluso injustas se irán desdibujando con el tiempo:

"¿Qué tienes, dime, Musa de mis cuarenta años?
—Nostalgias de la guerra, de la mar y el colegio."

Pero sobre todo fue la mar azul y los esteros, las playas y las conchas de la bahía gaditana lo que marcaría su personalidad para toda su vida.

Aquellas playas a las que huía a escondidas con sus amigos cuando hacía novillos en el colegio y que fueron "con su arena dorada y movediza, mi refugio amoroso, mi fresca guarida, mientras las duras horas de las matemáticas y los rosarios al atardecer". Esa mar que inspiraría sus primeros poemas.

A los quince años es expulsado del colegio e interrumpe sus estudios dedicándose con ardor a la pintura. Poco después se translada con su familia a Madrid. Sigue cultivando su primera vocación, pasa horas y horas encerrado en el Museo del Prado, en éxtasis ante las grandes obras de los clásicos, copiándolas sin parar. Estas imágenes nuevas se confunden con las de su infancia:

> *"¡El Museo del Prado! ¡Dios mío! Yo tenía*
> *pinares en los ojos y alta mar todavía,*
> *con un dolor de playas de amor en un costado*
> *cuando entré al cielo abierto del Museo del Prado."*

En 1921 enferma de tuberculosis. Pasa unos meses en la Sierra de Guadarrama, donde experimenta una nueva pasión, la de la poesía. Combina la lectura de los clásicos con la de sus contemporáneos, en parte vinculados a la revista "Ultra", con cuyos planteamientos de vanguar-

dia se identificará en algunas de sus obras. La primera de ellas, "Marinero en tierra", que obtiene el Premio Nacional de Literatura en 1925, pone ya de manifiesto su impresionante dominio de las formas poéticas: sonetos, tercetos, encadenados, letrillas, romances y canciones ofrecen una imagen idílica de Andalucía, sobre todo de la grandiosa bahía de Cádiz de su infancia.

En "El alba del alhelí", Alberti se expresa como un poeta nada problemático, siempre sonriente e irónico en algunos momentos, como en el autorretrato burlesco, "El tonto de Rafael", que abre esta antología.

En 1927, cuando empieza a escribir "Sobre los ángeles", el corte musical de los primeros poemas queda olvidado. Han desaparecido los barcos, los esteros, las salinas de sus primeras obras y, con ellos, el paraíso de la primera juventud.

Estamos ya en los últimos años de la dictadura de Primo de Rivera, años cargados de violencia que se reflejan en su propia crisis de valores, en su toma de conciencia de los problemas sociales que lo rodean. Andalucía deja de ser simplemente un paraíso de belleza, para convertirse también en un lugar en que se padecen graves injusticias. Poco a poco, se va transformando en poeta de los oprimidos, de los perseguidos, hasta convertirse él mismo en un perseguido. Al acabar la guerra civil Rafael Alberti, que pertenece al bando de los vencidos, tiene que abandonar España, iniciando un amargo exilio que duraría treinta y ocho años. El recuerdo de su país es constante:

"Hoy las nubes me trajeron,
volando, el mapa de España.
¡Qué pequeño sobre el río,
y qué grande sobre el pasto
la sombra que proyectaba!

Pero su exilio nunca fue el de la derrota. Su soledad estuvo mitigada por la esperanza. Cantó sus tierras, sus gentes, con una fe siempre firme en sus ideales de justicia, acompañando con su voz apasionada la larga marcha de su pueblo hacia la libertad:

"De piedra, los que no gritan.
De piedra, los que no ríen.
De piedra, los que no cantan
Yo nunca seré de piedra.
Gritaré cuando haga falta.
Reiré cuando haga falta.
Cantaré cuando haga falta."

Alberti es también el poeta del amor y del misterio, de la ternura y de la gracia, como puede verse en el poema "Se equivocó la paloma". Es el poeta de la amistad, que encuentra su expresión más trágica en el llanto por la muerte de Federico García Lorca, inspiradora de diversos poemas... Y también es el poeta de la alegría, de la alegría que le inspira Roma, la ciudad que con tanto cariño acogió su exilio, ofreciéndole bellezas grandiosas entremezcladas con un mundo de miseria, suciedad, gatos y excrementos, como se refleja en los poemas que cierran este libro. Cada uno de los jóvenes lectores sabrá resaltar la faceta de Alberti más afín a su propia sensibilidad.

La crítica suele definir a Rafael Alberti como miembro de la Generación del 27, junto a nombres tan diferentes como Pedro Salinas, Jorge Guillén, Luis Cernuda, Federico García Lorca, Emilio Prados o Gerardo Diego. Estos poetas constituyeron, en su primera juventud, un grupo literariamente homogéneo. En primer lugar, por su amistad personal y un común interés por los diferentes movimientos literarios europeos de los años veinte: vanguardismo, futurismo, surrealismo, interés que encontraría diferentes expresiones en la poesía de cada uno. Otro lazo de unión entre esos poetas fue su admiración por el verso musical de Góngora, manifestación máxima del culto de la "pureza literaria". Precisamente del tercer centenario de su muerte, que se celebró en 1927, tomó su nombre la generación.

Ya en los años treinta algunos poetas del grupo, como Alberti o García Lorca, se orientan más claramente a escribir una poesía popular, con un lenguaje sencillo, sin cultismos, sin que ello significara renunciar a la calidad. Revistas como "Octubre" y "El Mono Azul" nacieron precisamente de ese esfuerzo común, en el que desempeñó un papel muy destacado Rafael Alberti, siendo inspirador y orientador de ambas.

Después de la guerra civil española el grupo se desintegró y casi todos sus componentes eligieron el exilio, en distintos y lejanos países.

Hoy, Rafael Alberti vive entre Madrid, la ciudad adonde le llevaron sus padres siendo adolescente y en la que transcurrió su primera juventud, y Roma, la capital que desde 1963, le acogió su exilio. Ambas ciudades representan dos etapas fundamentales de su vida intensa de experiencias, tristes, y exaltantes al mismo tiempo, que quedan reflejadas a lo largo de su obra.

NATALIA CALAMAI

EL ALBA DEL ALHELI

EL TONTO DE RAFAEL

Autorretrato burlesco

Por las calles, ¿quién aquél?
¡El tonto de Rafael!

Tonto llovido del cielo,
del limbo, sin un ochavo.
Mal pollito colipavo,
sin plumas, digo, sin pelo.
¡Pío-pic!, pica, y al vuelo
todos le pican a él.

¿Quién aquél?
¡El tonto de Rafael!

Tan campante, sin carrera,
no imperial, sí tomatero,
grillo tomatero, pero
sin tomate en la grillera.
Canario de la fresquera,
no de alcoba o mirabel.

¿Quién aquél?
¡El tonto de Rafael!

Tontaina, tonto del higo,
rodando por las esquinas
bolas, bolindres, pamplinas
y pimientos que no digo.
Mas nunca falta un amigo
que le mendigue un clavel.

¿Quién aquél?
¡El tonto de Rafael!

Patos con gafas, en fila,
lo raptarán tontamente
en la berlina inconsciente
de San Jinojito el lila.
¿Qué run-rún, qué retahíla
sube el cretino eco fiel?

¡Oh, oh, pero si es aquél
el tonto de Rafael!

EL NIÑO DE LA PALMA

Chuflillas

¡Qué revuelo!

¡Aire, que al toro torillo
le pica el pájaro pillo
que no pone el pie en el suelo!

¡Qué revuelo!

Angeles con cascabeles
arman la marimorena,
plumas nevando en la arena
rubí de los redondeles.
La Virgen de los caireles
baja una palma del cielo.

¡Qué revuelo!

Vengas o no en busca mía,
torillo mala persona,
dos cirios y una corona
tendrás en la enfermería.

Norma

¡Qué alegría!
¡Cógeme, torillo fiero!
¡Qué salero!

De la gloria, a tus pitones,
bajé, gorrión de oro,
a jugar contigo al toro,
no a pedirte explicaciones.
¡A ver si te las compones
y vuelves vivo al chiquero!

¡Qué salero!
¡Cógeme, torillo fiero!

Alas en las zapatillas,
céfiros en las hombreras,
canario de las barreras,
vuelas con las banderillas.
Campanillas
te nacen en las chorreras.

¡Qué salero!
¡Cógeme, torillo fiero!

Te dije y te lo repito,
para no comprometerte,
que tenga cuernos la muerte
a mí se me importa un pito.
Da, toro torillo, un grito
y ¡a la gloria en angarillas!

¡Qué salero!
¡Qué te arrastran las mulillas!
¡Cógeme, torillo fiero!

PREGON

¡Vendo nubes de colores:
las redondas, coloradas,
para endulzar los calores!

¡Vendo los cirros morados
y rosas, las alboradas,
los crepúsculos dorados!

¡El amarillo lucero,
cogido a la verde rama
del celeste duraznero!

¡Vendo la nieve, la llama
y el canto del pregonero!

YO ERA UN TONTO
Y LO QUE HE VISTO
ME HA HECHO DOS TONTOS

BUSTER KEATON BUSCA POR EL BOSQUE A SU NOVIA, QUE ES UNA VERDADERA VACA

Poema representable

1, 2, 3 y 4.
En estas cuatro huellas no caben mis zapatos.
Si en estas cuatro huellas no caben mis zapatos,
¿de quién son estas cuatro huellas?
¿De un tiburón,
de un elefante recién nacido o de un pato?
¿De una pulga o de una codorniz?

(Pi, pi, pi.)

¡Georginaaaaaaaa!
¿Dónde estás?
¡Que no te oigo, Georgina!
¿Qué pensarán de mí los bigotes de tu papá?

(Paapááááá.)

¡Georginaaaaaaaa!
¿Estás o no estás?

Abeto, ¿dónde está?
Alisio, ¿dónde está?
Pinsapo, ¿dónde está?

¿Georgina pasó por aquí?

(Pi, pi, pi, pi.)

Ha pasado a la una comiendo yerbas.
Cucú,
el cuervo la iba engañando con una flor
de reseda.
Cuacuá,
la lechuza, con una rata muerta.

¡Señores, perdonadme, pero me urge
llorar!
(Guá, guá, guá.)

¡Georgina!
Ahora que te faltaba un solo cuerno
para doctorarte en la verdaderamente útil
carrera de ciclista
y adquirir una gorra de cartero.

(Cri, cri, cri, cri.)

Hasta los grillos se apiadan de mí
y me acompaña en mi dolor la garrapata.
Compadécete del smoking que te busca
y te llora entre los aguaceros
y del sombrero hongo que tiernamente
te presiente de mata en mata.

¡Georginaaaaaaaaaaaaaaaaa!

(Maaaaaa.)

¿Eres una dulce niña o eres una
verdadera vaca?
Mi corazón siempre me dijo que eras una
verdadera vaca.
Tu papá, que eras una dulce niña.
Mi corazón, que eras una verdadera vaca.
Una dulce niña.
Una verdadera vaca.
Una niña.
Una vaca.
¿Una niña o una vaca?
O ¿una niña y una vaca?
Yo nunca supe nada.

Adiós, Georgina.

(¡Pum!)

MARINERO EN TIERRA

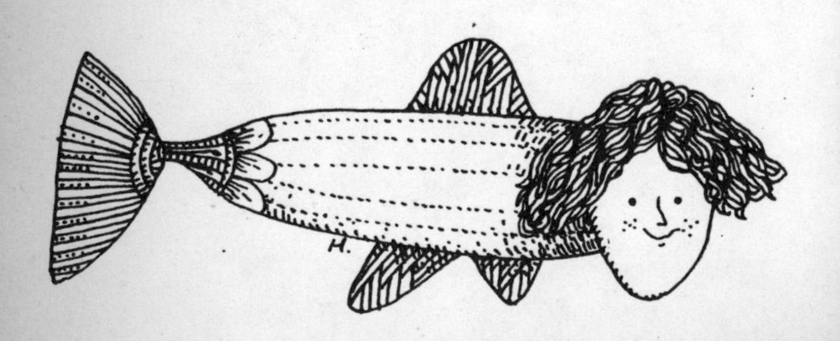

EL MAR. LA MAR

El mar. La mar.
El mar. ¡Sólo la mar!

¿Por qué me trajiste, padre,
a la ciudad?

¿Por qué me desenterraste
del mar?

En sueños, la marejada
me tira del corazón.
Se lo quisiera llevar.

Padre, ¿por qué me trajiste
acá?

DONDIEGO SIN DON

Dondiego no tiene don.
Don.

Don dondiego
de nieve y de fuego.
Don, din, don,
que no tienes don.

Abrete de noche,
ciérrate de día,
cuida no te corte
quien te cortaría,
pues no tienes don.

Don dondiego,
que al sol estás ciego.
Don, din, don,
que no tienes don.

GIMIENDO POR VER EL MAR

Gimiendo por ver el mar,
un marinerito en tierra
iza al aire este lamento:

"¡Ay mi blusa marinera!
Siempre me la inflaba el viento
al divisar la escollera."

SALINERO

... Y ya estarán los esteros
rezumando azul de mar.
¡Dejadme ser, salineros,
granito del salinar!

¡Qué bien, a la madrugada,
correr en las vagonetas,
llenas de nieve salada,
hacia las blancas casetas!

¡Dejo de ser marinero,
madre, por ser salinero!

BRANQUIAS QUISIERA TENER

Branquias quisiera tener,
porque me quiero casar.
Mi novia vive en el mar
y nunca la puedo ver.

Madruguera, plantadora,
allá en los valles salinos
¡Novia mía, labradora
de los huertos submarinos!

¡Yo nunca te podré ver
jardinera en tus jardines
albos del amanecer!

¡QUE ALTOS LOS BALCONES DE MI CASA!

¡Qué altos
los balcones de mi casa!
Pero no se ve la mar.
¡Qué bajos!

Sube, sube, balcón mío,
trepa al aire, sin parar:
sé terraza de la mar,
sé torrerón de navío.

—¿De quién será la bandera
de esa torre de vigía?

—¡Marineros, es la mía!

Rafael
Horna

PREGON SUBMARINO

¡Tan bien como yo estaría
en una huerta del mar,
contigo, hortelana mía!

En un carrito, tirado
por un salmón, ¡qué alegría
vender bajo el mar salado,
amor, tu mercadería!

—¡Algas frescas de la mar,
algas, algas!

BARCO CARBONERO

Barco carbonero,
negro el marinero.

Negra, en el viento, la vela.
Negra, por el mar, la estela.

¡Qué negro su navegar!

La sirena no le quiere.
El pez espada le hiere.

¡Negra su vida en la mar!

YO TE HABLABA CON BANDERAS

Yo te hablaba con banderas,
hija de la panadera,
la que siempre eras de pan
entre la grey marinera.

Me perdí en la tierra,
fuera de la mar.

Yo te hablaba, a los luceros,
con la luna del espejo
de una estrella volandera.

Fuera de la mar,
me perdí en la tierra.

MADRE, VISTEME A LA USANZA

... la blusa azul, y la cinta
milagrera sobre el pecho.
J. R. J.

—Madre, vísteme a la usanza
de las tierras marineras:
el pantalón de campana,
la blusa azul ultramar
y la cinta milagrera.

—¿Adónde vas, marinero,
por las calles de la tierra?

—¡Voy por las calles del mar!

¡TRAJE MIO, TRAJE MIO!

¡Traje mío, traje mío,
nunca te podré vestir,
que al mar no me dejan ir.

Nunca me verás, ciudad,
con mi traje marinero.
Guardado está en el ropero,
ni me lo dejan probar.

Mi madre me lo ha encerrado,
para que no vaya al mar.

SI YO NACI CAMPESINO

Si yo nací campesino,
si yo nací marinero,
¿por qué me tenéis aquí,
si este *aquí* yo no lo quiero?

El mejor día, ciudad
a quien jamás he querido,
el mejor día —¡silencio!—
habré desaparecido.

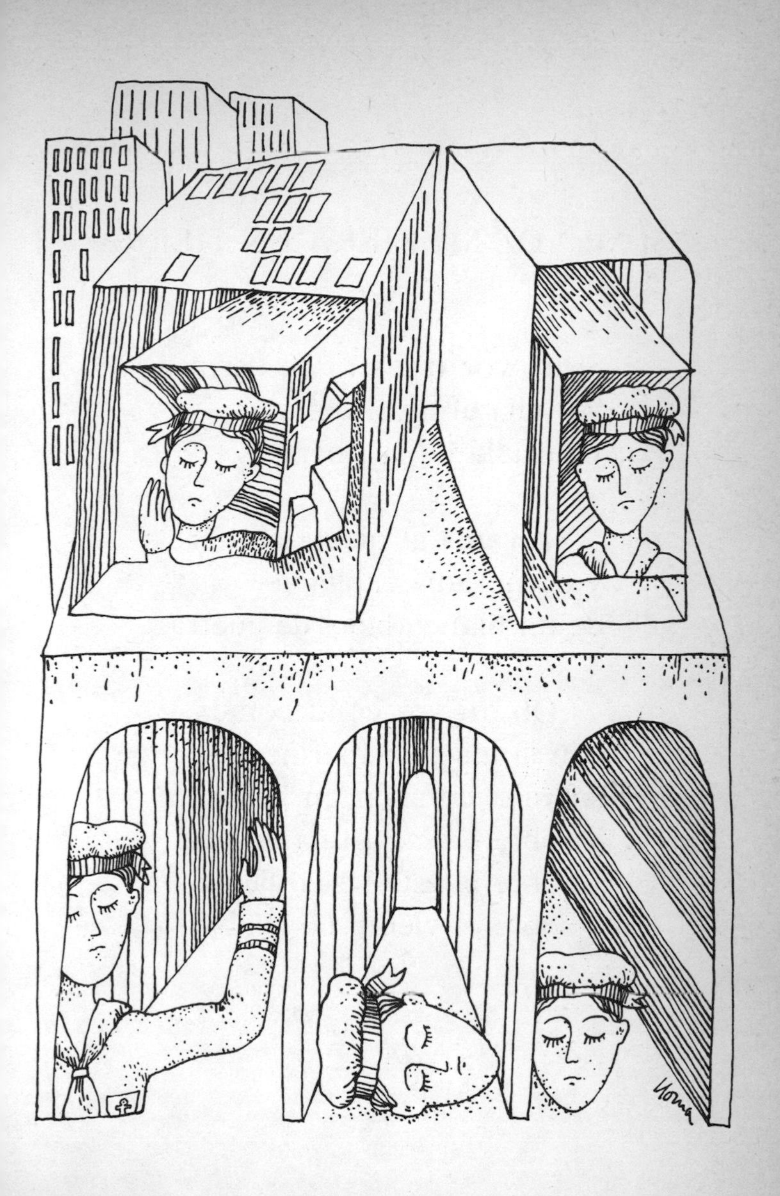

SI MI VOZ MURIERA EN TIERRA

Si mi voz muriera en tierra,
llevadla al nivel del mar
y dejadla en la ribera.

Llevadla al nivel del mar
y nombradla capitana
de un blanco bajel de guerra.

¡Oh mi voz condecorada
con la insignia marinera:
sobre el corazón un ancla
y sobre el ancla una estrella
y sobre la estrella el viento
y sobre el viento la vela!

ROSA-FRIA, PATINADORA DE LA LUNA

Ha nevado en la luna, Rosa-fría.
Los abetos patinan por el yelo,
tu bufanda, rizada, sube al cielo,
como un adiós que el aire claro estría.

¡Adiós, patinadora, novia mía!
De vellorí tu falda, da un revuelo
de campana de lino, en el pañuelo
tirante y nieve de la nevería.

Un silencio escarchado te rodea,
destejido en la luz de sus fanales,
mientras vas el cristal resquebrajando...

¡Adiós, patinadora!

El sol albea
las heladas terrazas siderales,
tras de ti, Malva-luna, patinando.

¡A VOLAR!

Leñador,
no tales el pino,
que un hogar
hay dormido
en su copa.

—Señora abubilla,
señor gorrión,
hermana mía calandria,
sobrina del ruiseñor;

ave sin cola,
martín-pescador,
parado y triste alcaraván:

¡A volar,
pajaritos,
al mar!

NANA DE LA TORTUGA

Verde, lenta, la tortuga.

¡Ya se comió el perejil,
la hojita de la lechuga!

¡Al agua, que el baño está
rebosando!

¡Al agua,
pato!

Y sí que nos gusta a mí
y al niño ver la tortuga
tontita y sola nadando.

Horna

DE DOS A TRES

Las dos, en la vaquería.
La luna borda un mantel,
cantando, en mi galería:

—Una niña chica,
sin cuna, jugando.
La Virgen María
la está custodiando.

Tres gatitos grises
y un mirlo enlutado,
la araña hilandera
y el pez colorado.

Un blanco elefante
y un pardo camello,
y toda la flora del aire
y toda la fauna del cielo.

Tín,
tín,
tan:
las tres, en la vaquería.
Ton,
Ton,
Tan:
las tres, en la prioral.

GEOGRAFIA FISICA

Nadie sabe Geografía
mejor que la hermana mía.

—La anguila azul del canal
enlaza las dos bahías.

—Díme: ¿dónde está el volcán
de la frente pensativa?

—Al pie de la mar morena,
solo, en un banco de arena.

(Partiendo el agua, un bajel
sale del fondeadero.
Camino del astillero,
va cantando el timonel.)

—Timonel, hay un escollo
a la salida del puerto.

—Tus ojos, faros del aire,
niña, me lo han descubierto.
¡Adiós, mi dulce vigía!

Nadie sabe Geografía
mejor que la hermana mía.

Estas hojas en blanco esperan tu poema

PLEAMAR

VAIVEN

Por la tarde, ya al subir,
por la noche, ya al bajar,
yo quiero pisar la nieve
azul del jacarandá.

¿Es azul, tarde delante?
¿Es lila, noche detrás?
Yo quiero pisar la nieve
azul del jacarandá.

Si el pájaro serio canta
que es azul su azulear,
yo quiero pisar la nieve
azul del jacarandá.

Si el mirlo liliburlero,
que es lila su lilear,
yo quiero pisar la nieve
azul del jacarandá.

Ya nieve azul a la ida,
nieve lila al retornar,
yo quiero pisar la nieve
azul del jacarandá.

CANCIONES DEL RIO PARANA

HOY LAS NUBES ME TRAJERON

Hoy las nubes me trajeron,
volando, el mapa de España.
¡Qué pequeño sobre el río,
y qué grande sobre el pasto
la sombra que proyectaba!

Se le llenó de caballos
la sombra que proyectaba.
Yo, a caballo, por su sombra
busqué mi pueblo y mi casa.

Entré en el patio que un día
fuera una fuente con agua.
Aunque no estaba la fuente,
la fuente siempre sonaba.

Y el agua que no corría
volvió para darme agua.

MOLINO
¿ADONDE ME LLEVA TU RUEDA?

Molino, ¿adónde me lleva
tu rueda?

No eres molino de vela.

De velas negras y blancas
tuve un molino de vela.

Isla de pinos azules.
Isla de higueras.

Pastores del mar bañaban
las ovejas.

Y el mar balaba en la arena.
Rodando,
balaba el mar en la arena.

CREEMOS EL HOMBRE NUEVO

Creemos el hombre nuevo
cantando.
El hombre nuevo de España,
cantando.

El hombre nuevo del mundo,
cantando.

Canto esta noche de estrellas
en que estoy solo, desterrado.

Pero en la tierra no hay nadie
que esté solo si está cantando.

Al árbol lo acompañan las hojas,
y si está seco ya no es árbol.

Al pájaro, el viento, las nubes,
y si está mudo ya no es pájaro.

Al mar lo acompañan las olas
y su canto alegre los barcos.

Al fuego, la llama, las chispas
y hasta las sombras cuando es alto.

Nada hay solitario en la tierra.
Creemos el hombre nuevo cantando.

CANTO, RIO, CON TUS AGUAS

Canto, río, con tus aguas:

De piedra, los que no lloran.
De piedra, los que no lloran.
De piedra, los que no lloran.

Yo nunca seré de piedra.
Lloraré cuando haga falta.
Lloraré cuando haga falta.
Lloraré cuando haga falta.

Canto, río, con tus aguas:

De piedra, los que no gritan.
De piedra, los que no ríen.
De piedra, los que no cantan.

Yo nunca seré de piedra.
Gritaré cuando haga falta.
Reiré cuando haga falta.
Cantaré cuando haga falta.

Canto, río, con tus aguas:

Espada, como tú, río.
Como tú también, espada.
También, como tú, yo, espada.

Espada, como tú, río,
blandiendo al son de tus aguas:

De piedra, los que no lloran.
De piedra, los que no gritan.
De piedra, los que no ríen.
De piedra, los que no cantan.

Estas hojas en blanco esperan tu poema

CAPITAL DE LA GLORIA

GALOPE

Las tierras, las tierras, las tierras de
España,
las grandes, las solas, desiertas llanuras.
Galopa, caballo cuatralbo,
jinete del pueblo,
al sol y a la luna.

¡A galopar,
a galopar,
hasta enterrarlos en el mar!

A corazón suenan, resuenan, resuenan
las tierras de España en las herraduras.
Galopa, jinete del pueblo,
caballo cuatralbo,
caballo de espuma.

¡A galopar,
a galopar,
hasta enterrarlos en el mar!

Nadie, nadie, nadie, que enfrente no
hay nadie;
que es nadie la muerte si va en tu
montura.
Galopa, caballo cuatralbo,
jinete del pueblo,
que la tierra es tuya.

¡A galopar,
a galopar,
hasta enterrarlos en el mar!

SIGNOS DEL DIA

EL TORO DEL PUEBLO VUELVE

Creyeron que aquel toro ya tenía
rotas las astas, el testuz vencido;
que hasta cuando bramaba, su bramido
ni en el viento se oía.

Creyeron que su oscuro
dolor era agonía;
que el poder de su antigua reciedumbre
para el golpe mortal estaba ya maduro;
que su furor dormía doblado en manse-
dumbre.

Pero, de pronto, un día...

¿Qué sucede, qué sucede?
¿Qué pasa, que en la mañana
hay verdor de acometida,
despertar de sangre brava?

El toro del pueblo sube,
rebosa el toro de España.
Por las calles crece, hambriento,
se empina furioso, salta.
Es un ciclón de hermosura,
tromba de rayos y llamas.
Vive el toro, vuelve el toro.
No hay ruedo, para él no hay plaza,
barreras que lo limiten,
hierros que le pongan trabas.
El toro seco del campo,
el de metal de las fábricas,
el de carbón de las minas,
el níveo de las montañas,
el ciego del mar, el toro
blanco y azul de las playas.
El toro español ha vuelto.
Su ruedo ya es toda España.
Si es de furia y pedernales
de chispas que no se apagan,
¿qué no ha de prender, qué nieblas
van a enfrentarle su espada?
Si ayer saltó en Barcelona,
si en Madrid ayer saltara,
mañana lo hará en Sevilla,
lo hará en Asturias mañana.

Levantará hasta a los muertos
por donde quiera que vaya.
Su paso será una hoguera,
su arremetida una bala.
No habrá oscuros que lo lidien,
no habrá picas, ni habrá capas,
banderillas que lo doblen,
estocadas que lo hagan
morder el polvo, mulillas
que lo arrastren. ¡No habrá nada!
Sólo su hervor y una nueva
lumbre en los montes de España.

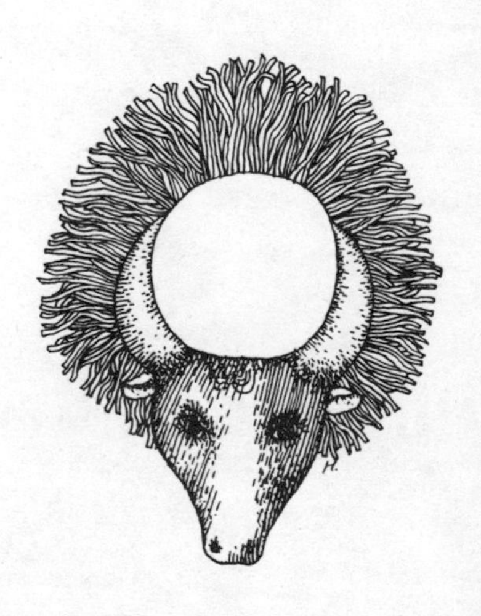

ENTRE EL CLAVEL Y LA ESPADA

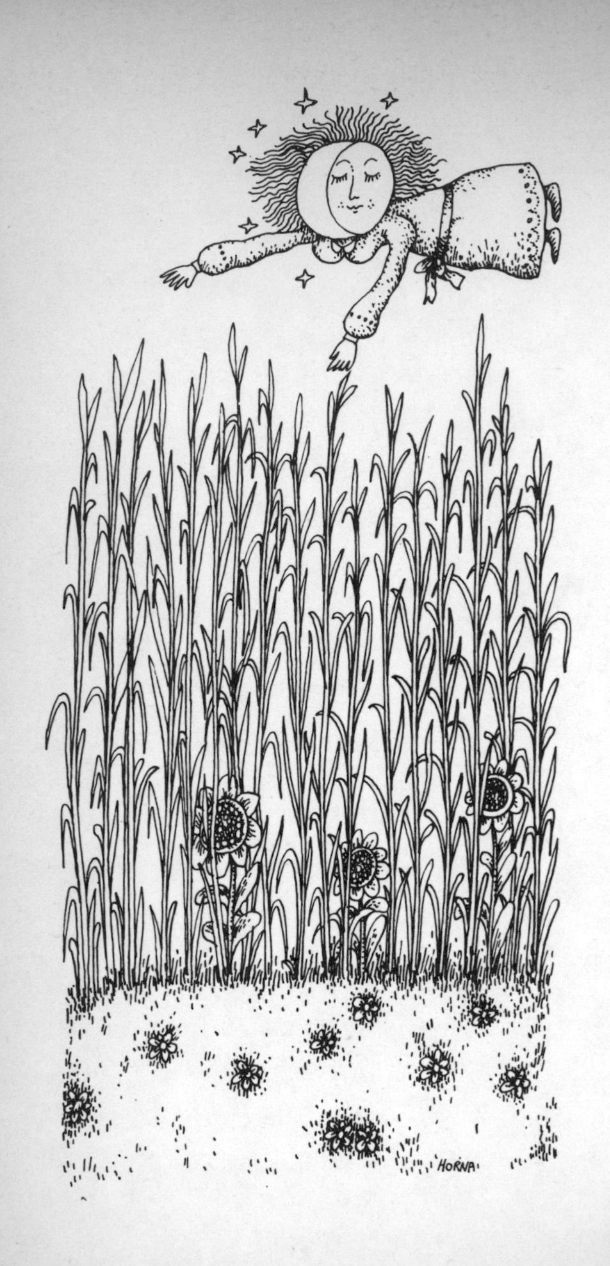
HORNA

BAILECITO DE BODAS

A Deodoro Roca

Por el Totoral,
bailan las totoras
del ceremonial.

Al tuturuleo
que las totorea,
baila el benteveo
con su bentevea.
¿Quién vio al picofeo
tan pavo real,
entre las totoras,
por el Totoral?

Clavel ni alhelí,
nunca al rondaflor
vieron tan señor
como al benteví.
Cola color sí,
color no, al ojal,
entre las totoras,
por el Totoral.

Benteveo, bien,
el tuturulú,
chicoleas tú
con tu ten con ten.
¿Quién picará a quién,
al punto final,
entre las totoras,
por el Totoral?

Por el Totoral,
bailan las totoras
del matrimonial.

CANARIO SOLO EN EL MAR

Canario solo en el mar.
Canta al toro que se aleja,
que se va.

Las gaviotas de los palos
ya no están.
La lluvia las mandó a tierra.

Canta al toro que se aleja.

En el mar perdí la mar
y en tierra perdí la tierra.

Que se va,
canta al toro que se va.

SE VOLVERA EL MAR DE TIERRA

Se volverá el mar de tierra.

Ese mar que fue mar,
¿por qué se seca?

Se harán llanuras las olas.

Ese mar que fue mar,
¿por qué abre sendas?

Se irán alzando ventanas.

Ese mar que fue mar,
¿por qué se alegra?

Darán portazos las puertas.

Ese mar que fue mar,
¿por qué resuena?

Se irán abriendo jardines.

Ese mar que fue mar,
¿por qué verdea?

El mar, que tiene otra orilla,
también la ha vuelto de tierra.

Ese mar que fue mar,
¿para quién siembra banderas?

SE EQUIVOCO LA PALOMA

Se equivocó la paloma.
Se equivocaba.

Por ir al Norte, fue al Sur.
Creyó que el trigo era agua.
Se equivocaba.

Creyó que el mar era el cielo;
que la noche, la mañana.
Se equivocaba.

Que las estrellas, rocío;
que la calor, la nevada.
Se equivocaba.

Que tu falda era tu blusa;
que tu corazón, su casa.
Se equivocaba.

(Ella se durmió en la orilla.
Tú, en la cumbre de una rama.)

METAMORFOSIS DEL CLAVEL

Junto a la mar y un río y en mis primeros
años,
quería ser caballo.

Las orillas de juncos eran de viento y
yeguas.
Quería ser caballo.

Las colas empinadas barrían las estrellas.
Quería ser caballo.

Escucha por la playa, madre, mi trote
largo.
Quería ser caballo.

Desde mañana, madre, viviré junto al
agua.
Quería ser caballo.

En el fondo dormía una niña cuatral-
ba.
Quería ser caballo.

CUATRO RETORNOS
Y DOS BALADAS

YO SE QUE TIENE ALAS

Yo sé que tiene alas.
Que por las noches sueña
en alta voz la brisa
de plata de sus ruedas.

Yo sé que tiene alas.
Que canta cuando vuela
dormida, abriendo al sueño
una celeste senda.

Yo sé que tiene alas.
Que volando me lleva
por prados que no acaban
y mares que no empiezan.

Yo sé que tiene alas.
Que el día que ella quiera,
los cielos de la ida
ya nunca tendrán vuelta.

BALADA
DE LA BICICLETA CON ALAS

A los 50 años, hoy, tengo una bicicleta.
Muchos tienen un yate
y muchos más automóvil
y hay muchos que también tienen ya un
avión.

Pero yo,
a mis 50 años justos, tengo sólo una
bicicleta.

He escrito y publicado innumerables
versos.
Casi todos hablan del mar
y también de los bosques, los ángeles y
las llanuras.
He cantado las guerras justificadas,
la paz y las revoluciones.
Ahora soy nada más que un desterrado.
Y a miles de kilómetros de mi hermoso
país,
con una pipa curva entre los labios,
un cuadernillo de hojas blancas y un lápiz
corro en mi bicicleta por los bosques
urbanos,

por los caminos ruidosos y calles asfalta-
das
y me detengo siempre junto a un río
a ver cómo se acuesta la tarde y con la
noche
se le pierden al agua las primeras
estrellas.

BALADA DEL QUE NUNCA FUE A GRANADA

¡Qué lejos por mares, campos y monta-
ñas!
Ya otros soles miran mi cabeza cana.
Nunca fui a Granada.

Mi cabeza cana, los años perdidos.
Quiero hallar los viejos, borrados cami-
nos.
Nunca vi Granada.

Dadle un ramo verde de luz a mi mano.
Una rienda corta y un galope largo.
Nunca entré en Granada.

¿Qué gente enemiga puebla sus adarves?
¿Quién los claros ecos libres de sus aires?
Nunca fui a Granada.

¿Quién hoy sus jardines aprisiona y pone
cadenas al habla de sus surtidores?
Nunca vi Granada.

Venid los que nunca fuisteis a Granada.
Hay sangre caída, sangre que me llama.
Nunca entré en Granada.

Hay sangre caída del mejor hermano.
Sangre por los mirtos y aguas de los patios.
Nunca fui a Granada.

Del mejor amigo, por los arrayanes.
Sangre por el Darro, por el Genil sangre.
Nunca vi Granada.

Si altas son las torres, el valor es alto.
Venid por montañas, por mares y campos.
Entraré en Granada.

ROMA, PELIGRO PARA CAMINANTES

CAMPO DEI FIORI

Sonajji, pennolini, ggiucarelli,
E ppesi, e ccontrapesi e ggenitali...
G. G. Belli

Perchas, peroles, pícaros, patatas,
aves, lechugas, plásticos, cazuelas,
camisas, pantalones, sacamuelas,
cosas baratas que no son baratas.

Frascati, perejil, ajos, corbatas,
langostinos, zapatos, hongos, telas,
liras que corren y con ellas vuelas,
atas mil veces y mil más desatas.

Campo dei Fiori, campo de las flores,
repartidor de todos los colores,
gracia, requiebro, luz, algarabía...

Como el más triste rey de los mercados,
sobre tus vivos fuegos, ya apagados,
arde Giordano Bruno todavía.

NOCTURNO

De pronto en Roma no hay nadie:
no hay ni perro que me muerda,
no hay ni gato que me arañe,
no hay ni puerta que se abra,
no hay ni balcón que me llame,
no hay puente que me divise,
no hay ni río que me arrastre,
no hay ni foso que me hunda,
no hay ni torre que me mate.

De pronto, Roma está sola,
Roma está sola, sin nadie.

EL ABURRIMIENTO

Poema escénico

Me aburro.
Me aburro.
Me aburro.
¡Cómo en Roma me aburro!
Más que nunca me aburro.
Estoy muy aburrido.
¡Qué aburrido que estoy!
Quiero decir de todas las maneras
lo aburrido que estoy.
Todos ven en mi cara mi gran aburri-
miento.
Innegable, señor.
Es indisimulable.
¿Está usted aburrido?
Me parece que está usted muy aburrido.
Dígame, ¿a dónde va tan aburrido?
¿Que usted va a las iglesias con ese
aburrimiento?
No es posible, señor, que vaya a las
iglesias
con ese aburrimiento.

¿Que a los museos —dice— siendo tan
aburrido?
¿Quién no siente en mi andar lo aburrido
que estoy?
¡Qué aire de aburrimiento!
A la legua se ve su gran aburrimiento.
Mi gran aburrimiento.
Lo aburrido que estoy.
Y sin embargo.... ¡Oooh!
He pisado una caca...
Acabo de pisar —¡Santo Dios!— una
caca...
Dicen que trae suerte el pisar una caca...
Que trae mucha suerte el pisar una caca...
¿Suerte, señores, suerte?
¿La suerte... la... la suerte?
Estoy pegado al suelo.
No puedo caminar.
Ahora sí que ya nunca volveré a caminar.
Me aburro, ay, me aburro.
Más que nunca me aburro.
Muero de aburrimiento.
No hablo más...
Me morí.

MIENTRAS DUERMO

Mientras duermo,
las campanas del Trastevere
van y vienen por mi sueño.

Ya vienen, ya van.
¡Señor, qué trabajo
mueve el sacristán!
En cada badajo
replica un carajo
tin ton y tin tan.

Mientras duermo,
las campanas del Trastevere
vienen y van.

NOCTURNO

Toma y toma la llave de Roma,
porque en Roma hay una calle,
en la calle hay una casa,
en la casa hay una alcoba,
en la alcoba hay una cama,
en la cama hay una dama,
una dama enamorada,
que toma la llave,
que deja la cama,
que deja la alcoba,
que deja la casa,
que sale a la calle,
que toma una espada,
que corre en la noche,
matando al que pasa,
que vuelve a su calle,
que vuelve a su casa,
que sube a su alcoba,

que se entra en su cama,
que esconde la llave,
que esconde la espada,
quedándose Roma
sin gente que pasa,
sin muerte y sin noche,
sin llave y sin dama.

CUANDO ME VAYA DE ROMA

A Ignazio Delogu

Cuando me vaya de Roma,
¿quién se acordará de mí?

Pregunten al gato,
pregunten al perro
y al roto zapato.

Al farol perdido,
al caballo muerto
y al balcón herido.

Al viento que pasa,
al portón oscuro
que no tiene casa.

Y al agua corriente
que escribe mi nombre
debajo del puente.

Cuando me vaya de Roma,
pregunten a ellos por mí.

H.

INDICE

El Libro de Bolsillo
para los jóvenes lectores

Una colección ilustrada de libros divertidos,
de información y de consulta
en la que niños y adolescentes encontrarán:

Escritores contemporáneos. Clásicos.
Poemas y canciones. Historia.
Introducción a la ciencia.
Historietas y *comics*. Ciencia-ficción.
Viajes. Biografías.
Aventuras. Historias de detectives.
Juegos y trabajos manuales.

1 CANCIONES Y POEMAS PARA NIÑOS, Federico García Lorca (6.ª edición).
2 DONDE DUERME EL AGUA, Angela C. Ionescu (3.ª edición).
3 CON PLUMA Y PINCEL, José Luis Velasco (2.ª edición).
4 COMO CUIDAR A TUS ANIMALES, Eileen Totten (2.ª edición).
5 MADRE NIEVE, Hermanos Grimm (2.ª edición).
6 JUEGOS PARA VIAJES, Deborah Manley y Peta Rée (2.ª edición).
7 UN ROSTRO TRAS LA VENTANA, Wolfgang Ecke (2.ª edición).

MADRE NIEVE, Jacob y Wilhelm Grimm.
(2.ª edición).

Un clásico indiscutible de la literatura infantil, en una edición cuidada, traducida directamente del alemán. Diez cuentos que forman una antología única de historias maravillosas. En ellos viven astutos sastrecillos que conquistan la fortuna. Príncipes con los cabellos de oro que aprenden cuán dura es la pobreza. Seres prodigiosos que corren veloces como el viento y oyen crecer la hierba.

42 ilustraciones de Miguel A. Pacheco.

LO QUE EL VIENTO CUENTA DE VALDEMAR DAAE, Andersen.

De nuevo aparece en la colección un clásico indiscutible de la literatura. En la imaginación de Andersen los juguetes y los objetos más triviales adquieren una vida semejante a la humana, juegan a personas y se muestran arrogantes, vanidosos y soñadores, como el príncipe que buscaba por el mundo una auténtica princesa o el rey que consagraba todo su tiempo a probarse nuevos trajes ante el espejo. La edición comprende una selección de nueve cuentos.

30 ilustraciones de Ignacio Meco.